COLEÇÃO

INTELIGÊNCIA ARTIFICIAL

ENGENHARIA DE PROMPT

Volume 4

COMO FAZER PERGUNTAS CORRETAS

Prof. Marcão – Marcus Vinícius Pinto

Aviso de isenção de responsabilidade:

ISBN: **9798343721959**

Selo editorial: Independently published

Sumário

Seja bem-vindo!

Vivemos em uma era em que a inteligência artificial está rapidamente se tornando a base sobre a qual grande parte da sociedade moderna é construída.

Em todos os setores, da tecnologia ao comércio, da medicina à educação, IA está desempenhando um papel fundamental em moldar o futuro. Nesse cenário, compreender as nuances de como interagir eficientemente com esses sistemas é essencial, e a "engenharia de prompt" emerge como uma das habilidades mais estratégicas dessa nova era.

Este livro, "Engenharia de Prompt - Volume 4: Como Fazer Perguntas Corretas", é parte da coleção "Inteligência Artificial: O Poder dos Dados", uma série dedicada a desmistificar o vasto campo da IA, trazendo o poder da ciência de dados e do machine learning ao alcance de profissionais e entusiastas.

Disponível na Amazon, a coleção oferece uma imersão profunda em temas cruciais que cercam a transformação digital.

Destinado a profissionais da tecnologia, cientistas de dados, desenvolvedores de IA, e todos que desejam aprimorar sua capacidade de dialogar com modelos de linguagem avançados, este volume foca em um aspecto essencial para o sucesso no uso de sistemas baseados em IA: a arte de fazer as perguntas corretas.

Embora o conceito de "prompt" seja aparentemente simples — uma instrução que direciona o comportamento de um modelo de IA —, a execução dessa técnica exige uma compreensão profunda sobre os dados, o comportamento dos algoritmos e as nuances éticas de sua aplicação.

Aqueles que atuam no desenvolvimento de soluções de IA encontrarão aqui diretrizes práticas para a construção de *prompts* eficazes, otimizando o desempenho dos modelos e garantindo resultados precisos e coerentes.

O livro também é indicado para gestores e líderes de inovação, que desejam aprofundar seu conhecimento estratégico sobre como explorar IA de maneira eficiente em seus negócios. Assim como um bom líder faz as perguntas certas para orientar sua equipe, um engenheiro de IA deve ser capaz de formular as perguntas corretas para guiar seus modelos em direção ao resultado desejado.

Em sua essência, a inteligência artificial só é tão boa quanto os dados que a alimentam. Neste volume, aprofundamos o conceito de que o dado, em sua forma bruta, é a base da informação, e a informação, por sua vez, é o pilar que sustenta o conhecimento — que é a verdadeira essência da IA.

A coleção "Inteligência Artificial: O Poder dos Dados" não se limita a explorar o aspecto técnico dos dados, mas também se dedica a examinar como os dados podem ser transformados em conhecimento significativo por meio de processos bem elaborados de aprendizado.

O desafio, como veremos ao longo deste livro, está na formulação de "prompts" que maximizem a qualidade da interação entre humanos e máquinas, criando ciclos de feedback onde o aprendizado é contínuo.

Para isso, orientações detalhadas sobre clareza nas solicitações, interpretações das respostas, e a importância de loops de feedback iterativos são fornecidas com exemplos práticos, reforçando que a melhoria contínua é a chave para o sucesso no uso de IA.

Neste volume, os leitores encontrarão exemplos concretos de como a escolha das palavras certas e a formulação de perguntas precisas podem alterar drasticamente a qualidade das respostas geradas por um modelo de linguagem. Desde as simples consultas em chatbots até o treinamento de modelos complexos, as técnicas aqui descritas são aplicáveis em diversos cenários.

Por exemplo, considere a diferença entre perguntar a um modelo de IA "O que é aprendizado de máquina?" versus "Como o aprendizado de máquina supervisionado pode ser aplicado na análise de dados financeiros?"

A especificidade e o foco da segunda pergunta não apenas orientam o modelo para uma resposta mais precisa, mas também reduzem a ambiguidade, fornecendo respostas que têm maior valor prático.

A coleção "Inteligência Artificial: O Poder dos Dados" oferece a você, leitor, um caminho para explorar essas possibilidades, e este volume é uma peça fundamental desse quebra-cabeça.

Espero que, ao final desta leitura, você se sinta mais capacitado a enfrentar os desafios que estão por vir e mais preparado para utilizar a IA como uma ferramenta poderosa para ampliar seu potencial e transformar o mundo ao seu redor.

Bons aprendizados!

Prof. Marcão - Marcus Vinícius Pinto

Mestre em Tecnologia da Informação
Especialista em Tecnologia da Informação.
Consultor, Mentor e Palestrante sobre Inteligência Artificial,
Arquitetura de Informação e Governança de Dados.
Fundador, CEO, professor e
orientador pedagógico da MVP Consult.

1 Fundamentos da construção de prompts.

Os fundamentos da construção de prompts na inteligência artificial (IA) são essenciais para interagir e obter respostas desejáveis de modelos de linguagem. Um prompt eficaz pode ser a diferença entre uma resposta superficial e uma profundamente informativa.

Dentro deste contexto, há vários elementos chave que devem ser considerados:

1. Clareza. O prompt deve ser claro e direto para evitar ambiguidade. Como explicado por GPT-3 em seu próprio estilo, "a precisão é de fato o companheiro constante da clareza" (OpenAI, 2020).

   Isso significa formular a pergunta ou comando de maneira que a IA possa entender facilmente o pedido do usuário.

2. Contextualização. A relevância do contexto não pode ser subestimada em prompts de IA. Segundo Bender e Koller (2020), ao projetar prompts, é crucial incluir informações contextuais suficientes para que o modelo processe a solicitação dentro de um framework apropriado. Isto ajuda a guiar a resposta na direção desejada.

3. Especificidade. Ser específico em relação às informações desejadas ajuda a modelo a focar nos aspectos relevantes da resposta.

   A especificidade no prompt orienta o processo de recuperação de informações do modelo.

4. Concisão. Enquanto a contextualização é importante, os prompts também devem ser concisos. "A prolixidade pode ser contraproducente, levando a modelos de linguagem a perder o foco na pergunta principal". A brevidade pode resultar em uma melhor compreensão por parte dos modelos de IA.

5. Estilo de Linguagem e Tom. O estilo de linguagem e o tom podem sutilmente influenciar como uma IA interpreta e responde a um prompt. "Escolher o tom certo pode ser tão importante quanto o conteúdo do prompt". O tom pode definir a expectativa do tipo de resposta desejada.

6. Feedback Loop. A construção de prompts deve incluir um feedback loop para refinar continuamente a qualidade do prompt e da resposta. É um processo iterativo de ajustar e aprimorar.

   O design de interação com a IA deve incorporar o feedback do usuário e do sistema para permitir ajustes em tempo real nos prompts. Isso promove uma conversa mais natural e eficaz entre o usuário e a IA.

7. Inclusão de exemplos. Incorporar exemplos no prompt, quando aplicável, pode ajudar a definir claramente a tarefa para o modelo. "Exemplos funcionam como casos de uso que guiam o modelo na geração de respostas".

8. Adaptação ao Público-Alvo. O prompt deve ser adaptado ao público-alvo ou ao usuário específico em questão. Um prompt bem-sucedido leva em consideração o nível de conhecimento do público-alvo.

9. Evitar viés. Quando se constrói um prompt, é importante ser neutro e imparcial a fim de evitar qualquer forma de viés que possa levar a respostas tendenciosas. Deve-se tomar cautela para que o prompt não encaminhe inadvertidamente o modelo para replicar estereótipos ou preconceitos".

10. Utilização de Ferramentas de Construção de Prompt. Ferramentas como o Autoprompt podem ser usadas para gerar automaticamente prompts que são eficientes em extrair informações específicas de uma modelo de IA. Este método reduz a carga de tentativa e erro manual na criação de prompts eficazes.

1.1 Orientações.

A pesquisa em inteligência artificial e processamento de linguagem natural está em constante evolução, e novas descobertas são publicadas em um ritmo rápido. É através dessas fontes que se pode ficar a par dos últimos desenvolvimentos e descobrir insights de especialistas na área.

Para orientá-lo sobre como proceder na realidade, você normalmente deveria:

1. Defina sua pergunta ou objetivo de pesquisa.

2. Realize uma pesquisa de fundo completa para se familiarizar com o estado atual do conhecimento.

3. Identifique os principais estudos, livros e artigos que são relevantes para o seu tópico.

4. Extraia e anote os pontos essenciais dessas fontes que se relacionam com a sua pergunta.

5. Sintetize esses pontos para construir um argumento ou narrativa coerente em seu texto.

6. Cite com precisão essas fontes em seu texto para reconhecer sua contribuição e permitir que os leitores localizem o material original.

Para integridade acadêmica e para evitar plágio, certifique-se sempre de que as fontes que você cita são verificáveis e representadas com precisão em seu texto.

Os princípios de design desempenham um papel crucial na criação de prompts eficazes no contexto da inteligência artificial. Ao projetar prompts para interações com sistemas automatizados, diversos fatores devem ser considerados para garantir uma experiência positiva para os usuários.

Segundo o renomado designer Don Norman, "o design é realmente uma resposta responsável a ambas as necessidades funcionais e emocionais, sejam elas visuais ou táteis."

1.2   Os prompts e a clareza da solicitação.

Um dos princípios fundamentais a serem considerados ao projetar prompts é a clareza. De acordo com Steve Krug, autor do livro "Não me Faça Pensar", prompts devem ser facilmente compreensíveis para os usuários, evitando ambiguidades e confusões.

Além disso, a simplicidade é essencial. Como afirmou John Maeda, professor de design e autor do livro "Leis Simplicidade", "a simplicidade não é alcançada quando não há mais o que acrescentar, mas sim quando não há mais o que retirar."

Outro aspecto importante a ser considerado é a consistência. De acordo com Jakob Nielsen, renomado especialista em usabilidade, "os usuários devem ser capazes de prever como o sistema responderá a suas interações com base em experiências passadas."

Portanto, ao projetar prompts, é essencial manter uma linguagem visual e interativa consistente ao longo de toda a interação do usuário com o sistema.

Além disso, a personalização também deve ser levada em conta. A personalização de prompts pode aumentar a relevância e eficácia das interações com os usuários, conforme destacado por Sherry Turkle, autora do livro "Alone Together".

Ao adaptar os prompts de acordo com as preferências e características do usuário, é possível criar uma experiência mais engajadora e significativa.

Por fim, a acessibilidade é um princípio chave a ser considerado ao projetar prompts no contexto da inteligência artificial. Como mencionado por Robert L. Peters, "o bom design é aquele que também atende às necessidades dos usuários com deficiências físicas ou cognitivas, garantindo uma experiência inclusiva para todos."

Ao integrar esses princípios de design ao projetar prompts no contexto da inteligência artificial, é possível criar interações mais eficazes e significativas para os usuários, proporcionando uma experiência mais intuitiva, personalizada e acessível.

A aplicação desses princípios contribui não apenas para a eficácia do sistema, mas também para a satisfação e engajamento dos usuários, promovendo uma relação mais harmoniosa entre humanos e tecnologia.

1.3   Interpretação de respostas e feedback loops.

A interpretação de respostas geradas por modelos de IA e a criação de loops de feedback são aspectos fundamentais no aprimoramento contínuo da eficácia dos prompts e na entrega de uma experiência de usuário personalizada e relevante.

Neste contexto, é essencial compreender como interpretar as respostas da IA e como utilizar o feedback dos usuários para refiná-las.

Ao interpretar as respostas geradas pela IA, é importante considerar a adequação, precisão e relevância do conteúdo apresentado. Isso envolve analisar se a resposta aborda adequadamente a solicitação do usuário, se está livre de erros ou informações inadequadas, e se é contextualmente relevante.

Além disso, é crucial avaliar a clareza da resposta e se ela atende às expectativas do usuário em termos de tom e estilo de comunicação. Por exemplo, ao lidar com um chatbot de atendimento ao cliente, a interpretação das respostas incluiria garantir que as informações fornecidas sejam úteis, precisas e compreensíveis para o usuário.

Para criar loops de feedback eficazes, é fundamental estabelecer canais de comunicação que permitam aos usuários fornecer comentários sobre as interações com a IA. Isso pode ser feito por meio de pesquisas de satisfação, caixas de sugestões, avaliações de usuários, entre outros métodos.

O feedback coletado deve ser analisado de forma sistemática, identificando padrões, tendências e áreas de melhoria. Por exemplo, se várias pessoas apontam inconsistências nas respostas de um assistente virtual, isso pode indicar a necessidade de ajustes na programação ou na base de conhecimento utilizada.

Para refinamento contínuo dos prompts, os loops de feedback devem ser integrados de maneira estruturada e ágil ao ciclo de desenvolvimento da IA. Isso significa que as informações obtidas por meio do feedback dos usuários devem ser usadas para ajustar e otimizar a inteligência artificial de forma iterativa.

Por exemplo, se os usuários expressam dificuldade em compreender as respostas do sistema, os desenvolvedores podem revisar a linguagem e a estrutura das respostas para torná-las mais claras e acessíveis, com base nesses insights.

Além disso, a interpretação das respostas da IA e a implementação dos feedback loops podem ser enriquecidas com o uso de métricas de desempenho e análises quantitativas.

Ao coletar e analisar dados sobre a eficácia das respostas, como taxas de resolução de problemas, taxas de rejeição de respostas e tempo médio de interação, os desenvolvedores podem obter uma visão mais abrangente do desempenho da IA e identificar áreas específicas que necessitam de aprimoramento.

É importante notar que a interpretação de respostas e a implementação de feedback loops são processos contínuos e iterativos. À medida que a IA interage com mais usuários e lida com uma variedade maior de cenários, novos insights e oportunidades de melhoria surgirão. Portanto, é essencial manter uma mentalidade de aprendizado contínuo e estar aberto a ajustes e evoluções ao longo do tempo.

1.4   Considerações sobre a implementação de prompts.

Na prática, a engenharia de prompt pode ser implementada através de vários métodos, combinando algoritmos de aprendizado de máquina e análise preditiva.

No entanto, para chegar a esse estágio, é crucial começar com uma base de dados robusta e representativa.

Aqui estão alguns passos e considerações para aprofundar a engenharia de prompt:

1. Perfilamento Dinâmico de Usuários. Analisar continuamente os dados dos usuários para ajustar os modelos de IA garantindo que os prompts sejam atualizados de acordo com as mudanças nas preferências e hábitos dos usuários.

2. Testes A/B e Iterações. Utilizar testes A/B para avaliar a eficácia de diferentes prompts e iterar com base em métricas concretas de engajamento e sucesso.

3. Integração Contextual. Desenvolver sistemas que possam integrar informações contextuais em tempo real, como localização, hora do dia, ou até mesmo eventos atuais, para tornar os prompts mais relevantes.

4. Sensibilidade Cultural e Linguística. Garantir que os prompts sejam adaptados não apenas para a língua, mas também para as nuances culturais, sociais e regionais do usuário.

5. Feedback e Aprendizado Contínuo. Implementar mecanismos para que os usuários possam fornecer feedback sobre a qualidade e relevância dos prompts, permitindo assim que o sistema aprenda e se aperfeiçoe continuamente.

6. Privacidade e Segurança. Assegurar que todos os dados sejam coletados com consentimento e tratados com os mais altos padrões e segurança e privacidade.

7. Interdisciplinaridade e Colaboração. O trabalho conjunto de especialistas em linguagem, psicólogos, analistas de dados e engenheiros de IA pode traduzir-se em uma capacidade superior de decifrar as complexidades humanas e aplicá-las na criação de prompts.

8. Acessibilidade e Inclusão. Certificar-se de que os prompts e as respostas dos sistemas de IA são acessíveis a todos os usuários, incluindo aqueles com deficiências ou necessidades especiais, adaptando a interação conforme necessário.

9. Ética e Transparência. É vital que os usuários estejam cientes de como seus dados são usados para personalizar prompts e que eles tenham controle sobre essa personalização. A transparência promove a confiança e a ética garante que a tecnologia seja utilizada para o bem comum.

10. Evolução Contínua da IA. Para acompanhar as necessidades em constante mudança dos usuários, os sistemas de IA precisam de algoritmos que não apenas aprendam a partir de interações passadas, mas que também consigam adaptar-se proativamente às futuras. Isso implica uma evolução do conceito tradicional de máquinas programadas para 'aprender' para sistemas que 'evoluem'.

11. Design de Interação. Para que a engenharia de prompt seja bem-sucedida, o design de interação deve ser centrado no usuário, garantindo que cada aspecto da comunicação seja intuitivo e fácil de navegar, independentemente da complexidade dos processos de IA que operam nos bastidores.

12. Inteligência Emocional Artificial. Uma das fronteiras mais emocionantes da engenharia de prompt é a capacidade de

reconhecer e responder a sinais emocionais, tornando os sistemas de IA sensíveis aos estados emocionais dos usuários e capazes de reagir de acordo.

13. Narrativa e Branding. Com a engenharia de prompt, abrem-se as portas para que as marcas infundam seus valores e voz em cada interação.

Isso reforça o branding e ajuda a construir uma relação mais forte e pessoal com o usuário. A habilidade de tecer a narrativa da marca nos prompts de maneira sutil pode transformar um simples comando em uma experiência de marca envolvente e memorável.

14. Equilibrar Automação e Intervenção Humana. Embora a automação seja um aspecto fundamental da engenharia de prompt, é crucial manter a opção de escalonamento para interação humana quando necessário.

A transição perfeita entre interações baseadas em IA e agentes humanos pode assegurar que as necessidades do usuário sejam atendidas com empatia e eficiência.

15. Educação do Usuário e Feedback Dinâmico. À medida que os prompts se tornam mais sofisticados, também deve haver um foco em educar os usuários sobre como interagir de maneira mais eficiente com a IA.

Além disso, sistemas que podem aprender com o feedback do usuário — não apenas dados implícitos, mas também explícitos — evoluirão muito mais rapidamente e de maneira alinhada com as preferências do usuário.

16. Design Ético e Inclusivo. Com a engenharia de prompt, surge a responsabilidade de projetar sistemas que não apenas atendam aos padrões técnicos, mas que também sejam éticos e inclusivos.

Isso envolve criar prompts que não perpetuem vieses ou discriminem qualquer grupo de usuários.

A IA deverá ser treinada com conjuntos de dados diversificados e testada amplamente para garantir que suas respostas sejam justas e equânimes para todos.

17. Preparação para o Inesperado. Um aspecto frequentemente negligenciado na engenharia de prompt é a gestão do inesperado.

Embora possamos preparar sistemas de IA para responder a uma ampla gama de entradas, sempre haverá cenários imprevistos nos quais os prompts devem ser capazes de lidar de forma elegante com ambiguidades e erros.

18. Sustentabilidade a Longo Prazo. Finalmente, para que a engenharia de prompt seja eficaz a longo prazo, é necessário pensar em sustentabilidade. Isso significa desenvolver sistemas escaláveis que possam ser atualizados e aprimorados sem a necessidade constante de reestruturação completa, garantindo a adaptabilidade à medida que novas tecnologias e mudanças sociais surgem.

19. Adoção de Modelos de Linguagem Generativa. Utilizando modelos avançados de linguagem natural, como o gpt-4-1106-preview, a engenharia de prompt pode ser otimizada para entender e gerar linguagem de maneira mais eficaz e natural.

Esses modelos podem rapidamente processar grandes quantidades de texto para aprender padrões de linguagem e fornecer respostas cada vez mais refinadas e contextuais.

20. Exploração de Novas Interfaces. No futuro, os prompts poderão ir além do texto e da voz, explorando interfaces cerebrais diretas ou realidades aumentadas e virtuais.

    Isso abrirá novos caminhos para interações excepcionalmente imersivas e detalhadas, onde os prompts serão capazes de se ajustar não só ao que o usuário diz, mas também ao que sente e ao ambiente que o cerca.

21. Promoção do Aprendizado Contínuo. A capacidade de uma IA para reconhecer quando não sabe algo e tomar medidas para aprender de forma independente é um próximo passo chave na evolução dos sistemas de engenharia de prompt.

    Este aprendizado contínuo assegurará que a IA possa manter-se atualizada com as tendências emergentes e as necessidades em constante mudança dos usuários.

22. Integração Multidisciplinar robusta. A colaboração entre especialistas em diferentes campos será ainda mais vital para desenvolver prompts que entendam complexidades como humor, ironia e subtexto, requerendo um entendimento mais profundo de psicologia social, linguística, e outras disciplinas.

23. Governança e Regulação. Será essencial estabelecer regulamentos e padrões de governança que orientem a implementação responsável dos avanços em engenharia de prompt.

Isso garantirá que os desenvolvimentos sejam usados de forma ética e que os sistemas de IA sejam projetados com a inclusão, justiça e privacidade em mente.

24. Humanização da Tecnologia. Os avanços continuados em IA e engenharia de prompt podem possibilitar a criação de sistemas que não apenas realizam tarefas, mas também oferecem companhia, consolo e inclusive entendimento emocional, apontando para uma nova era na qual a tecnologia pode fornecer suporte emocional e social.

25. Cognição Ampliada. A engenharia de prompt não amplia apenas as capacidades da IA, mas também as capacidades dos seres humanos.

Ao interagir com sistemas que compreendem e respondem de maneira cada vez mais refinada, os usuários podem estender a sua própria cognição, beneficiando-se de uma inteligência combinada humano-máquina para resolver problemas complexos e gerar novas ideias.

À medida que a tecnologia amadurece e a sociedade se adapta a um ecossistema cada vez mais centrado na IA, a engenharia de prompt terá um papel destacado na definição da relação harmoniosa entre humanos e máquinas.

Este campo emergente não apenas oferece a promessa de simplificar tarefas e melhorar a eficiência, mas também carrega o potencial de enriquecer a experiência humana com interações mais intuitivas, compreensivas e personalizadas.

Assim, entramos em um mundo onde cada palavra, cada prompt, não é apenas uma função predefinida, mas uma ponte para entendimentos mais profundos, relações mais ricas e uma sociedade mais conectada.

1.5 Aprendizado contínuo e melhoria iterativa.

O aprendizado contínuo e a melhoria iterativa são práticas fundamentais no desenvolvimento e na otimização de sistemas de inteligência artificial. Através do aprendizado contínuo, os sistemas podem aprender com as interações passadas, adquirir novos conhecimentos e se adaptar dinamicamente às necessidades e preferências dos usuários.

A engenharia de prompts, por sua vez, é um processo iterativo que envolve a criação, revisão e aprimoramento constante das interações entre humanos e máquinas.

Para garantir o aprendizado contínuo dos sistemas de IA, é essencial implementar mecanismos que permitam a coleta e a análise de dados provenientes das interações passadas. Esses dados podem incluir registros de conversas, feedback dos usuários, métricas de desempenho e insights obtidos a partir das interações.

Com base nesses dados, os sistemas podem identificar padrões, aprimorar suas habilidades de processamento de linguagem natural, e ajustar suas respostas e recomendações de forma mais precisa e personalizada.

Além disso, a engenharia de prompts é um processo iterativo que envolve a criação de elementos de interação, como perguntas, sugestões e respostas, que são constantemente revisados e aprimorados com base no feedback dos usuários e em testes de desempenho.

Essa abordagem permite identificar e corrigir possíveis falhas ou lacunas no sistema, adaptar as respostas de acordo com as preferências do usuário e otimizar a experiência de conversa de forma gradual e contínua.

Ao combinar o aprendizado contínuo com a engenharia de prompts, os sistemas de IA podem se beneficiar de um ciclo de melhoria contínua, no qual a análise de dados e o feedback dos usuários alimentam constantemente a evolução e otimização do sistema.

Esse processo iterativo permite que os sistemas aprendam, se ajustem e se desenvolvam de forma ágil e adaptativa, melhorando a qualidade das interações e a experiência do usuário ao longo do tempo.

A melhoria contínua e o aprendizado iterativo são fundamentais na evolução dos sistemas de inteligência artificial. Implementar as melhores práticas nesse contexto é essencial para garantir que os sistemas sejam capazes de aprender, se adaptar e oferecer uma experiência de usuário cada vez mais personalizada e eficaz.

Uma das melhores práticas para alcançar esse objetivo é a coleta e análise de dados de forma sistemática e consistente. Monitorar e registrar as interações dos usuários, feedbacks e métricas de desempenho permite identificar padrões, tendências e oportunidades de melhoria. Essa análise de dados é crucial para orientar as decisões de otimização e aprimoramento do sistema.

Outra prática importante é a integração de tecnologias de aprendizado de máquina e processamento de linguagem natural. Essas tecnologias permitem que os sistemas de IA identifiquem padrões nos dados, façam previsões mais precisas e melhorem sua capacidade de compreensão e resposta durante as interações com os usuários.

Além disso, a automação de processos de feedback e revisão é uma prática eficaz para garantir a revisão contínua e o aprimoramento das interações com base em dados reais. Implementar mecanismos de coleta automática de feedback, análise de sentimentos e revisão de prompts ajuda a identificar rapidamente áreas de melhoria e a agilizar o processo de otimização do sistema.

É essencial promover uma cultura de melhoria contínua e aprendizado dentro da equipe responsável pelo desenvolvimento do sistema de IA. Encorajar a colaboração, o compartilhamento de conhecimento e a experimentação é fundamental para impulsionar a inovação e garantir que os processos de otimização sejam baseados em dados sólidos e em insights significativos.

Ao adotar essas melhores práticas em relação ao aprendizado contínuo e à melhoria iterativa, as empresas podem garantir que seus sistemas de inteligência artificial estejam sempre evoluindo, adaptando-se às necessidades dos usuários e proporcionando uma experiência de conversa cada vez mais envolvente e satisfatória.

Algumas práticas fundamentais, bem como exemplos de como essas práticas podem ser implementadas e os benefícios que podem trazer para a experiência do usuário são listadas a seguir.

1. Coleta e análise de dados sistemática.

Uma prática fundamental é a coleta e análise de dados de forma sistemática. Por exemplo, uma plataforma de e-commerce pode monitorar as interações dos usuários em seu site, como pesquisas, visualizações de produtos e compras realizadas.

Com base nesses dados, a empresa pode identificar padrões de comportamento, preferências de compra e oportunidades de personalização do conteúdo, permitindo ajustar as recomendações de produtos de maneira mais precisa e eficaz.

2. Integração de tecnologias de aprendizado de máquina e processamento de linguagem natural.

A integração de tecnologias avançadas, como aprendizado de máquina e processamento de linguagem natural, é outra prática crucial. Por exemplo, um assistente virtual pode usar técnicas de aprendizado de máquina para entender e prever as necessidades do usuário com base em interações passadas.

Ao combinar essas técnicas com processamento de linguagem natural, o assistente virtual pode oferecer respostas mais precisas e relevantes, melhorando a experiência do usuário.

3. Automação de processos de feedback e revisão.

Automatizar processos de feedback e revisão é uma prática eficaz para acelerar o ciclo de melhoria contínua.

Por exemplo, um sistema de suporte ao cliente pode usar análise de sentimentos automatizada para identificar reclamações ou feedback negativo dos usuários e acionar alertas para a equipe responsável.

Isso permite que a empresa responda rapidamente a problemas e faça ajustes nas interações para melhorar a satisfação do cliente.

4. Cultura de aprendizado e melhoria contínua.

Promover uma cultura organizacional focada em aprendizado e melhoria contínua é outra prática importante. Por exemplo, os líderes podem incentivar a experimentação, a colaboração entre equipes e a troca de conhecimento para impulsionar a inovação e a evolução dos sistemas de inteligência artificial.

Ao promover um ambiente de aprendizado constante, as equipes podem trabalhar juntas para identificar oportunidades de melhoria, testar novas abordagens e implementar soluções inovadoras que tragam benefícios tangíveis para os usuários.

Um exemplo prático dessa prática é a realização de sessões de brainstorming regulares entre equipes multidisciplinares, onde os membros podem compartilhar insights, discutir desafios e propor ideias para aprimorar os sistemas de IA.

Essas sessões podem resultar em novas funcionalidades, ajustes de algoritmos ou melhorias na interface do usuário, impulsionando a evolução e a eficácia dos sistemas.

2 Como fazer as perguntas corretas?

A inteligência artificial (IA) se apresenta como uma ferramenta poderosa, capaz de realizar tarefas complexas, gerar conteúdo inovador e responder perguntas de forma abrangente. No entanto, para aproveitar todo o potencial dessa tecnologia, é crucial dominar a arte da formulação de prompts eficazes.

2.1 Compreendendo o Papel Fundamental dos Prompts.

Os prompts servem como instruções para a IA guiando-a na direção desejada e fornecendo o contexto necessário para a execução de tarefas. Um prompt bem elaborado pode transformar uma consulta simples em uma experiência rica e informativa, enquanto um prompt mal formulado pode levar a resultados frustrantes e irrelevantes.

2.1.1 Princípios Essenciais para Prompts Eficazes.

Para formular prompts eficazes, é essencial seguir alguns princípios fundamentais.
1. Clareza e Precisão. Defina claramente o que você deseja que a IA faça. Evite ambiguidades e forneça instruções detalhadas o suficiente para que a IA compreenda suas expectativas.

2. Concisão e Objetividade. Seja breve e direto ao ponto. Evite informações irrelevantes ou desnecessárias que podem desviar a IA do foco principal.

3. Estrutura e Organização. Organize seu prompt de forma lógica e estruturada, dividindo-o em seções distintas se necessário. Isso facilita a compreensão da IA e garante que ela siga o fluxo de raciocínio correto.

4. Exemplos e Demonstrações. Utilize exemplos concretos e demonstrações para ilustrar suas ideias e expectativas. Isso ajuda a IA a visualizar o resultado desejado e a entender melhor o contexto da sua solicitação.

5. Linguagem Natural e Fluida. Utilize uma linguagem natural e fluida, como se estivesse conversando com outra pessoa. Evite termos técnicos excessivos ou jargões que a IA possa não reconhecer.

2.1.2 Explorando Diferentes Tipos de Prompts.

A IA oferece uma variedade de recursos para atender às suas necessidades específicas. Explore os diferentes tipos de prompts disponíveis para otimizar sua comunicação.

1. Perguntas Abertas. Formule perguntas abertas que incentivem a IA a fornecer respostas criativas e detalhadas. Evite perguntas fechadas que limitam a IA a respostas simples de "sim" ou "não".

2. Desafios e Tarefas. Desafie a IA com tarefas específicas e mensuráveis. Isso permite avaliar seu desempenho e identificar áreas de aprimoramento.

3. Descrição de Cenários. Descreva cenários hipotéticos e peça à IA para imaginar e responder de acordo com a situação.

4. Análise e Crítica. Apresente à IA um problema ou questão complexa e peça que ela análise, critique e proponha soluções.

5. Criação de Conteúdo. Solicite à IA que crie diferentes tipos de conteúdo, como poemas, histórias, scripts, código, peças musicais, e-mails, cartas etc.

2.1.3 Aprimorando Prompts com Iteração e Reflexão.

A jornada para dominar a arte da formulação de prompts para IA é como uma expedição em busca do conhecimento e da excelência na comunicação. Ao longo do caminho, você encontrará desafios e resultados que podem não ser os ideais, mas não se desanime!

Essa é uma oportunidade valiosa para aprimorar suas habilidades e alcançar um nível mais profundo de compreensão da IA.

1. Análise Detalhada dos Resultados.

O primeiro passo crucial na jornada de aprimoramento é realizar uma análise profunda dos resultados obtidos.

Essa etapa envolve:

1. Avaliar a Relevância. Verifique se as respostas da IA estão relacionadas ao tópico original do prompt e se abordam as informações buscadas.

2. Identificar Inconsistências. Analise se a IA apresentou informações contraditórias, inconsistentes com o conhecimento prévio ou com a lógica.

3. Examinar a Clareza e Precisão. Verifique se as respostas da IA são claras, concisas e fáceis de interpretar, evitando ambiguidades e imprecisões.

4. Avaliar a Criatividade e Originalidade. No caso de prompts que exigem criatividade, como geração de conteúdo, verifique se a IA apresentou soluções inovadoras e originais.

5. Identificar Falhas de Compreensão. Analise se a IA interpretou incorretamente o prompt ou se não possui conhecimento suficiente para responder à pergunta de forma satisfatória.

2. Identificando Pontos de Melhoria.

Com base na análise detalhada dos resultados, você poderá identificar os pontos que precisam ser aprimorados em seus prompts. Alguns aspectos a serem considerados incluem:

1. Precisão e Clareza no Prompt. Verifique se o prompt está claro, conciso e livre de ambiguidades, fornecendo à IA todas as informações necessárias para realizar a tarefa de forma correta.

2. Estrutura e Organização. Revise a estrutura do prompt, dividindo-o em seções se necessário, para facilitar a compreensão da IA e garantir que ela siga o fluxo de raciocínio correto.

3. Exemplos e Demonstrações. Utilize exemplos concretos e demonstrações para ilustrar suas ideias e expectativas, ajudando a IA a visualizar o resultado desejado e a entender melhor o contexto da sua solicitação.

4. Nível de Detalhe. Ajuste o nível de detalhe do prompt de acordo com a tarefa a ser realizada. Em alguns casos, um prompt mais detalhado pode ser necessário, enquanto em outros, um prompt mais conciso pode ser suficiente.

5. Feedback e Orientação. Forneça feedback à IA sobre seus resultados, indicando se as respostas estão satisfatórias ou se precisam ser aprimoradas. Isso ajuda a IA a aprender e melhorar seu desempenho ao longo do tempo.

3. Refinando Prompts para Alcançar Excelência.

Com base na análise e na identificação de pontos de melhoria, você estará pronto para refinar seus prompts e alcançar a excelência na comunicação com a IA.

Algumas dicas para refinar seus prompts incluem:

1. Utilize prompts mais específicos. Em vez de fazer perguntas genéricas, formule prompts mais específicos que direcionem a IA para um tópico ou questão específica.

2. Divida prompts complexos. Se você tiver um prompt longo e complexo, divida-o em prompts menores e mais fáceis de gerenciar.

3. Utilize linguagem natural. Utilize uma linguagem natural e fluida, como se estivesse conversando com outra pessoa. Evite termos técnicos excessivos ou jargões que a IA possa não reconhecer.

4. Faça testes e experimentos. Não hesite em testar diferentes prompts e abordagens para encontrar a melhor maneira de se comunicar com a IA em cada situação.

5. Aprenda com os erros. Os erros são parte natural do processo de aprendizado. Analise os erros cometidos pela IA e utilize-os como oportunidades para aprimorar seus prompts.

4. Iteração Contínua e Aprendizado Constante.

A formulação de prompts eficazes é um processo contínuo de aprendizado e aprimoramento. Não desanime se seus prompts não forem perfeitos desde o início.

Com iteração contínua, reflexão constante e a utilização das dicas mencionadas neste guia, você estará no caminho certo para se tornar um mestre na comunicação com a IA obtendo respostas cada vez mais precisas, informativas e criativas, abrindo um mundo de possibilidades para o aprendizado, a inovação e a resolução de problemas.

Lembre-se. A chave para o sucesso na comunicação com a IA reside na sua capacidade de formular prompts claros, concisos, informativos e bem estruturados. Através da análise, reflexão e aprimoramento contínuo, você poderá dominar a arte da comunicação.

2.2   Considerações Éticas e Responsáveis.

Ao interagir com a IA, lembre-se das implicações éticas e utilize-a de forma responsável. Evite formular prompts que promovam discriminação, violência ou discursos de ódio. Utilize a IA para o bem, buscando o conhecimento, a criatividade e a resolução de problemas de forma ética e responsável.

Lembre-se. Dominar a arte da formulação de prompts é a chave para desbloquear todo o potencial da IA.

Ao seguir os princípios e técnicas descritos neste guia, você estará no caminho certo para se tornar um mestre na comunicação com a IA obtendo respostas precisas, informativas e criativas, abrindo um mundo de possibilidades para o aprendizado, a inovação e a resolução de problemas.

3 Treinamento e desenvolvimento de modelos de linguagem.

Treinamento e desenvolvimento de modelos de linguagem são desenvolvidos em infraestruturas de alto desempenho que utilizam CPUs, GPUs[1] (unidade de processamento gráfico) ou mesmo TPUs (Tensor Processing Units) para acelerar os cálculos necessários. O treinamento pode levar de horas a semanas, e em alguns casos, meses, dependendo da complexidade do modelo e do volume de dados.

Durante o treinamento, diferentes técnicas podem ser utilizadas para melhorar a eficiência e a eficácia do modelo:

Aprendizado de transferência Onde conhecimento aprendido em uma tarefa é transferido para facilitar o aprendizagem em outra tarefa relacionada.

1. Fine-tuning Ajustar um modelo pré-treinado (por exemplo, BERT ou GPT-3) com um conjunto menor de dados específico à tarefa para melhorar sua performance.

2. Regularização Técnicas como dropout são aplicadas para prevenir overfitting, assegurando que o modelo generalize bem para dados não vistos anteriormente.

3. Otimização do hiperparâmetro Selecionando os melhores valores para os hiperparâmetros que governam o processo de

---

[1] As GPUs (Unidades de Processamento Gráfico) desempenham um papel fundamental no avanço da inteligência artificial (IA). Inteligência Artificial em GPUs utiliza placas de vídeo para acelerar o processamento de IA. As GPUs têm grande capacidade para processar gráficos, o que melhora o desempenho geral.

aprendizagem, como taxa de aprendizado, tamanho do lote etc.

4. Ao longo do processo de treinamento, são usados conjuntos de dados de validação para ajustar o modelo e hiperparâmetros e evitar overfitting. O desempenho do modelo é continuamente avaliado para garantir que está aprendendo de forma eficaz.

3.1   Avaliação do Modelo.

Após o árduo processo de treinamento, chega o momento crucial da avaliação do modelo. Essa etapa é como uma prova final, onde o modelo precisa demonstrar sua capacidade de lidar com o mundo real, indo além dos dados utilizados em seu treinamento. É nesse momento que a verdadeira força da inteligência artificial se revela.

Para realizar essa avaliação com maestria, utilizamos um conjunto de dados de teste especialmente selecionado, jamais utilizado durante o treinamento. Essa precaução garante que a avaliação seja imparcial, livre de qualquer viés introduzido durante o processo de aprendizagem.

Ao analisar o desempenho do modelo nesse novo conjunto de dados, obtemos uma visão precisa de como ele se comportará em situações reais, enfrentando desafios e dados que nunca antes viu. Essa avaliação nos permite identificar pontos fortes e fracos, áreas que o modelo domina com excelência e outras que precisam de aprimoramento.

Para mensurar o desempenho do modelo de forma objetiva e confiável, utilizamos um conjunto de métricas de avaliação cuidadosamente escolhidas.

Cada métrica oferece uma perspectiva única sobre a capacidade do modelo de realizar suas tarefas com precisão e eficiência.

1. Precisão. Essa métrica fundamental indica a proporção de previsões corretas feitas pelo modelo. Em outras palavras, revela quantas vezes o modelo acerta o alvo, fornecendo a resposta correta para um dado problema.

2. Recall. O recall complementa a precisão, focando na capacidade do modelo de identificar todos os exemplos relevantes. Essa métrica garante que o modelo não deixe nenhum caso positivo escapar, capturando todos os elementos importantes dentro do conjunto de dados.

3. F1 Score. Para encontrar um equilíbrio entre precisão e recall, utilizamos o F1 Score. Essa métrica pondera ambas as medidas, fornecendo uma visão geral do desempenho do modelo em ambas as frentes.

4. Perplexidade. Em modelos de linguagem generativos, a perplexidade mede a surpresa do modelo ao encontrar novas sequências de palavras. Quanto menor a perplexidade, maior a capacidade do modelo de gerar texto natural e coerente.

5. BLEU. Na tradução automática, o BLEU (Bilingual Evaluation Understudy) é a métrica padrão para avaliar a qualidade da tradução. Essa métrica compara a tradução gerada pelo modelo com traduções humanas de alta qualidade, medindo a semelhança entre elas.

Ao analisar os resultados das métricas de avaliação, obtemos insights valiosos sobre o desempenho do modelo. Identificamos áreas onde o modelo se destaca, como a precisão em tarefas específicas ou a fluência na geração de texto.

Por outro lado, também podemos identificar pontos que precisam de atenção, como a dificuldade em lidar com certos tipos de dados ou a tendência a cometer erros em situações específicas.

Com base nesses resultados, podemos tomar decisões estratégicas para aprimorar o modelo. Podemos ajustar parâmetros, modificar a arquitetura ou até mesmo retreinar o modelo com um conjunto de dados mais abrangente, buscando superar as fragilidades e elevar o desempenho a um novo patamar.

A avaliação do modelo não é um evento único, mas sim um processo contínuo que acompanha toda a vida útil da IA. À medida que o modelo é utilizado em diferentes contextos e enfrenta novos desafios, novas avaliações são necessárias para garantir que ele continue a performar de forma satisfatória e atenda às expectativas.

Através da avaliação constante, podemos acompanhar a evolução do modelo, identificar áreas que precisam de aprimoramento e garantir que a IA continue a entregar valor e contribuir para o progresso da sociedade.

Lembre-se. A avaliação do modelo é um componente crucial do ciclo de vida da inteligência artificial. Ao dedicarmos atenção a essa etapa essencial, podemos garantir que a IA seja desenvolvida e utilizada de forma responsável, ética e eficaz, beneficiando a todos.

3.2   Pontos de Desafio.

Um modelo de linguagem pode enfrentar uma série de desafios:

1. Ambiguidades de linguagem. Diferentes significados ou usos de palavras e frases podem ser difíceis de capturar e compreender.

2. Viés e ética. Dados de treinamento podem conter vieses que se refletem no comportamento do modelo. Isso levanta questões éticas importantes sobre a justiça e os impactos de um modelo de linguagem.

3. Generalização. Garantir que um modelo performe bem em exemplos que não fazem parte do seu conjunto de dados de treinamento é um desafio constante.

4. Recursos computacionais e ambientais. O treinamento de modelos de linguagem de última geração pode demandar uma grande quantidade de energia, com impactos significativos nos custos e na sustentabilidade ambiental.

5. Interpretabilidade. Com modelos cada vez mais complexos, é difícil entender como as decisões são tomadas, o que é crucial para garantir a confiabilidade e a transparência.

3.3   Ajustes Finais e Implantação.

Mesmo após a fase principal de treinamento e avaliação, o desenvolvimento de um modelo de linguagem geralmente envolve uma série de ajustes finais para refinar o desempenho antes da implantação. Isso pode incluir mais rodadas de fine-tuning ou retreinamento com conjuntos de dados adicionais.

Uma vez satisfeito com o desempenho do modelo, ele pode ser implantado em uma aplicação de PLN. A implantação pode ser feita de diversas formas, como incorporação em aplicativos móveis, serviços backend em nuvem, ou até mesmo dispositivos edge com recursos limitados, dependendo da aplicação.

3.4   Manutenção e Iteração Contínua.

O desenvolvimento de um modelo de linguagem não termina com a implantação. Os modelos de linguagem requerem manutenção contínua para garantir que permaneçam atualizados com as mudanças na linguagem e uso. Isso pode envolver retreinar o modelo com dados novos ou corrigidos, e iterar no design e arquitetura do modelo para melhorar o desempenho.

O treinamento e desenvolvimento de modelos de linguagem é uma área de pesquisa e prática em constante evolução, com avanços contínuos que empurram os limites do que é possível em termos de compreensão e geração de linguagem.

Ao mesmo tempo, para que estes modelos sejam benéficos a longo prazo, os desenvolvedores e pesquisadores precisam abordar cuidadosamente questões de ética, viés, e impacto ambiental. A conscientização e a mitigação proativas de tais questões são fundamentais à medida que a tecnologia se entrelaça cada vez mais com a sociedade.

A realidade do treinamento de modelos de linguagem é que ela pode ser iterativa e incremental. Feedbacks de como o modelo está sendo usado, as respostas dos usuários finais e as implicações sociais do seu uso devem influenciar as atualizações e modificações do modelo. Isto inclui não só ajustes técnicos, mas também alinhamento com normas legais, éticas e sociais que podem evoluir ao longo do tempo.

3.5   Evolução.

A colaboração é também crucial neste processo. Abordagens de desenvolvimento aberto, onde pesquisadores e desenvolvedores de diferentes organizações e disciplinas compartilham conhecimento, dados e melhores práticas podem acelerar o desenvolvimento de modelos de linguagem mantendo altos padrões de qualidade e responsabilidade.

Há uma ênfase crescente na criação de modelos de linguagem mais eficientes. Técnicas como destilação de modelo, onde um modelo maior e mais complexo é usado para treinar um modelo menor e mais rápido, e métodos de treinamento de pouca amostra, como few-shot e zero-shot learning, são caminhos promissores que permitem a criação de modelos poderosos e ao mesmo tempo mantêm a sustentabilidade de recursos e o acesso democrático à tecnologia de PLN, tornando-a disponível mesmo para aqueles com menos recursos computacionais.

À medida que avançamos, a história do desenvolvimento de modelos de linguagem, assim como a história da inteligência artificial em si, não será apenas uma questão de superar obstáculos técnicos, mas também de navegar complexas interações humanas e consequências sociais.

É um campo que requer não apenas rigor e inovação, mas também empatia e responsabilidade.

3.6   Estratégias para o aumento de dados e superação de problemas relacionados com conjuntos de dados desequilibrados ou enviesados.

Os conjuntos de dados desequilibrados ou enviesados apresentam desafios significativos no treinamento de modelos de aprendizado de máquina, incluindo modelos de linguagem. Um conjunto de dados é considerado desequilibrado se algumas classes são muito mais representadas do que outras.

O viés nos dados pode ocorrer devido a uma má representação das características reais da população de interesse, o que pode levar a modelos que não generalizam bem e perpetuam discriminação ou preconceitos.

Seguem seis estratégias que podem ser utilizadas para aumentar os dados e superar estes problemas:

1. Reamostragem do Conjunto de Dados.

A reamostragem é uma técnica comum para abordar o desequilíbrio de classes:

- Oversampling da Classe Minoritária. Aumenta-se a representação da classe minoritária no conjunto de dados por meio da duplicação de exemplos ou pela geração de novos exemplos semelhantes usando técnicas como SMOTE (Synthetic Minority Over-sampling Technique).

- Undersampling da Classe Majoritária. Reduz-se a representação da classe majoritária eliminando alguns dos seus exemplos. Esta estratégia deve ser usada com cuidado, pois pode levar à perda de informações importantes.

2. Enriquecimento dos Dados (Data Augmentation).

Aumentar os dados existentes pode ajudar a criar um conjunto de dados mais equilibrado e variado:

- Paráfrase. Gerar novas versões de textos existentes ao reescrevê-los com palavras e estruturas diferentes.

- Tradução de Ida e Volta (Back-Translation). Traduzir um texto para um idioma diferente e depois traduzi-lo de volta para o idioma original pode resultar em uma paráfrase que mantém o mesmo significado, mas usa diferentes expressões.

- Inserção, Deleção e Substituição de Palavras. Alterar frases de maneira controlada alterando levemente o contexto e a estrutura do texto original.

3. Utilização de Técnicas de Ponderação de Classe.

Quando o treinamento de um modelo, pode-se atribuir pesos diferentes para as classes ou exemplos individuais baseados na frequência da classe.

Isso ajuda a forçar o modelo a prestar mais atenção às classes minoritárias:

- Ponderação Durante o Treinamento. Atribuir maiores pesos de perda à classe minoritária e menores pesos à classe majoritária. Isso ajusta o algoritmo de otimização para penalizar mais fortemente os erros cometidos nas classes menos representadas.

- Ponderação na Função de Custo. Alterar a função de custo (ou perda) para integrar a ponderação de classe diretamente, de modo que os erros em classes menos frequentes tenham um impacto maior no processo de aprendizagem do modelo.

4. Criação de Sintéticos (Synthetic Data Generation).

Além da reamostragem, pode-se criar dados sintéticos usando técnicas avançadas.

- Modelos Generativos. Utilizar modelos como GANs (Generative Adversarial Networks) ou VAEs (Variational Autoencoders) para gerar novos exemplos realistas das classes minoritárias.

- Simulações baseadas em regras. Empregar conhecimento de domínio para criar exemplos de dados novos seguindo regras definidas manualmente que garantem a variabilidade dentro da classe.

5. Coleta de Mais Dados.

Em alguns cenários, a melhor estratégia pode ser buscar por dados adicionais para a classe minoritária:

- Crowdsourcing. Utilizar plataformas como Amazon Mechanical Turk para coletar dados rotulados pelos humanos.

- Utilização de Fontes Públicas. Procurar bases de dados abertas que possam fornecer exemplos adicionais para as classes mal representadas.

6. Transfer Learning e Modelos Multitarefa.

Outras estratégias incluem o uso de conhecimento obtido em tarefas relacionadas ou o treinamento simultâneo em várias tarefas:

- Transfer Learning de Tarefas Relacionadas. Aproveitar dados de tarefas relacionadas onde a distribuição de classes pode ser mais equilibrada.

- Treinamento Multitarefa. Treinar o modelo para executar várias tarefas ao mesmo tempo, o que pode ajudar o modelo

7.Aplicações Práticas de Modelos de Linguagem.

- Chatbots e assistentes virtuais aprimorados por IA que podem realizar tarefas de atendimento ao cliente.

- Ferramentas de tradução automática que quebram barreiras linguísticas e promovem a comunicação global.

- Sistemas de recomendação de conteúdo que adaptam suas sugestões à linguagem e preferências do usuário.

8.Ética e Considerações Sociais

- Discussões sobre como garantir que os modelos de linguagem sejam inclusivos e representativos de diversas populações.

- Consequências da geração automatizada de conteúdo, incluindo questões como notícias falsas e desinformação.

- Transparência e explicabilidade nos modelos de IA permitindo aos usuários entender e confiar em como as decisões são tomadas.

9.Desafios Técnicos e Pesquisa Avançada.

- Superando as limitações de entendimento contextual e geração de respostas relevantes.

- Pesquisa em modelos multimodais que integram processamento de linguagem com outras formas de dados, como imagens e som, para criar sistemas mais robustos e interativos.

- Desenvolvimento e implantação de modelos conversacionais contínuos, capazes de manter um estado de conversa ao longo do tempo e trazer uma experiência mais natural à interação humano-máquina.

10. Abordagens Multilíngues e Localização.

- Estratégias para treinar modelos de IA que entendem e geram texto em múltiplas línguas, ajudando a superar as barreiras linguísticas e culturais.

- Técnicas de localização que adaptam os modelos de linguagem para diferentes mercados, respeitando variações regionais, gírias e diferenças culturais.

11. Intersecção com Outros Campos da IA.

- O papel do PLN no desenvolvimento de sistemas de Inteligência Artificial Geral (AGI) e sua capacidade de realizar múltiplas tarefas numa gama de domínios.

- A colaboração entre PLN e campos como Visão Computacional e Sistemas de Recomendação, resultando em aplicativos mais integrados e inteligentes.

12.Interfaces de Programação de Aplicações (APIs) e Frameworks.

- Revisão das principais APIs e frameworks disponíveis no mercado que permitem aos desenvolvedores incorporar funcionalidades de PLN nas suas aplicações.

- Como os desenvolvedores podem utilizar e personalizar essas ferramentas para criar experiências de usuário únicas e funcionais.

13.Perspectiva de Futuro na Engenharia de Linguagem.

- Projeções sobre como a engenharia de linguagem e os modelos de IA podem se desenvolver no futuro, incluindo avanços esperados e desafios pendentes.

- Implicações potenciais de avanços na inteligência artificial sobre empregos, educação, e a sociedade de forma geral.

14.Questões de Acessibilidade e Inclusão Digital.

- Abordagens para tornar a tecnologia de linguagem acessível para todos, incluindo a integração com tecnologias assistivas e o design inclusivo.

- Desafios especiais apresentados pelos modelos de linguagem no que diz respeito às pessoas com deficiências na comunicação ou falantes de idiomas menos comuns, e as estratégias para endereçar estas necessidades através de tecnologias adaptativas e abordagens centradas no usuário.

15.Ferramentas de Diagnóstico e Métricas de Avaliação.

- Metodologias para aferir a qualidade e o desempenho dos modelos de linguagem, incluindo métricas comuns como perda (loss), perplexidade e precisão.

- Ferramentas e sistemas de diagnóstico que ajudam a identificar problemas e otimizar o desempenho dos modelos de PLN.

16.O Papel de Datasets e Repositórios.

- A importância de datasets ricos e variados para o treino e validação de modelos de linguagem, e a melhor maneira de construí-los e mantê-los.

- Discussão sobre a ética e a importância dos repositórios de dados abertos para promover a pesquisa e inovação em inteligência artificial.

17.O Crescimento de Modelos de Linguagem Comerciais.

- Análise dos principais modelos de linguagem oferecidos por gigantes da tecnologia, como OpenAI, Google e outros, e o impacto desses modelos no mercado de IA.

- Discussões sobre as implicâncias da comercialização de modelos de linguagem avançados para o acesso e distribuição equitativa de tecnologia.

18.Componentes de Segurança e Privacidade.

- Abordagens para assegurar que a interação com modelos de linguagem proteja a privacidade dos usuários e esteja em conformidade com regulamentos globais como o GDPR.

- Estratégias para prevenir e mitigar ataques adversários que visam manipular ou enganar modelos de linguagem.

19.A Conexão Humano-Máquina.

- Exploração de como os modelos de linguagem estão influenciando a conectividade e o relacionamento entre humanos e máquinas, desafiando as concepções tradicionais de interação.

- Considerações sobre a ergonomia digital e a experiência do usuário no design de interfaces baseadas em texto e voz que utilizam o PLN.

20.Pesquisa e Desenvolvimento Colaborativo.

- A importância dos consórcios de pesquisa, parcerias entre indústria e academia e a colaboração interdisciplinar para impulsionar a inovação nos modelos de linguagem e PLN.

- O papel das competições e desafios de machine learning, como o GLUE e o SuperGLUE, em estimular a pesquisa e determinar o estado da arte em compreensão de linguagem natural.

21.Diversidade Linguística e Representatividade.

- Estratégias para inclusão de línguas minoritárias e dialetos em modelos de linguagem, garantindo diversidade e representatividade.

- Desafios associados ao equilíbrio entre eficácia computacional e fidelidade linguística em modelos multilíngues.

22.Educação e Literacia em IA.

- O impacto dos modelos de linguagem no setor educacional, incluindo personalização da aprendizagem e assistência virtual.

- A necessidade de promover a literacia em inteligência artificial como parte do currículo educativo para preparar as futuras gerações para uma economia baseada em IA.

23.Impacto no Emprego e na Sociedade.

- As implicações dos modelos de linguagem no mercado de trabalho, particularmente em áreas como atendimento ao cliente, conteúdo editorial e tradução.

- Considerações sobre o impacto sociocultural dos sistemas de IA na comunicação humana, incluindo potenciais mudanças na dinâmica de poder e na construção social da linguagem.

24.Transparência e Governança da IA.

- A importância da governança no desenvolvimento e na implantação de modelos de linguagem, incluindo o estabelecimento de padrões éticos.

- Discussões sobre a necessidade de alguma forma de transparência em modelos de IA, para assegurar a confiança do público e permitir que os usuários entendam a lógica por trás das respostas geradas.

3.7 Técnicas de pré-processamento de dados para modelos de linguagem, incluindo tokenização, lematização e remoção de ruído.

Quando se trata de pré-processamento de dados para modelos de linguagem, o objetivo é transformar texto cru em um formato estruturado e limpo que seja mais fácil para os algoritmos de aprendizado de máquina processarem.

Aqui estão algumas das técnicas mais comuns usadas durante o pré-processamento:

1. Tokenização.

   É o processo de dividir o texto em pedaços menores, conhecidos como tokens. Tokens podem ser palavras, frases ou outros elementos, dependendo do grau de granularidade necessário para a tarefa específica.

   A tokenização é frequentemente o primeiro passo no pré-processamento, pois converte o fluxo contínuo de texto em unidades discretas que podem ser analisadas individualmente.

2. Lematização.

A lematização envolve a redução de uma palavra à sua forma-base ou lema. Isso significa que as palavras "corre", "correndo" e "correu" seriam todas reduzidas para o lema "correr".

Isso é útil para reduzir a dimensionalidade do conjunto de dados e para agrupar diferentes formas da mesma palavra, facilitando para o modelo reconhecer padrões.

3. Stemming.

Semelhante à lematização, o stemming busca reduzir as palavras às suas raízes ou "stems" - a base da palavra sem sufixos. Por exemplo, "fishing", "fished", e "fisher" podem ser reduzidos ao stem "fish".

O stemming é geralmente mais simples e rápido que a lematização, mas pode ser menos preciso, pois não leva em conta a morfologia da palavra e pode produzir stems que não são palavras válidas.

4. Remoção de Stop Words (Palavras de Parada).

Stop words são palavras comuns que carregam pouco significado sozinhas e muitas vezes são filtradas durante o pré-processamento.

Em inglês, palavras como "is", "and", "the", e "a" são frequentemente removidas. Isso ajuda a focar a análise em palavras que carregam mais significado e são mais relevantes para a tarefa de PLN.

5. Normalização.

Isso inclui a conversão de todos os caracteres para minúsculas (para evitar que palavras iguais sejam tratadas diferentemente devido a maiúsculas e minúsculas), remoção de acentuação e diacríticos, e homogeneização de variantes de escrita.

A normalização reduz a complexidade do texto e contribui para que o modelo trate palavras semanticamente idênticas da mesma forma.

6. Remoção de Ruído.

Em muitos conjuntos de dados, especialmente aqueles coletados de fontes online, há uma grande quantidade de 'ruído' na forma de tags HTML, URLs, códigos especiais, erros de digitação, ou informalidades como emojis e gírias.

Limpar esses dados é um passo vital em muitos processos de PLN, pois tais elementos podem dificultar a capacidade do modelo de focar em informações úteis.

7. Segmentação de Sentenças.

Em algumas tarefas de PLN, como análise de sentimento ou tradução automática, é útil dividir o texto em sentenças individuais. A segmentação de sentenças utiliza pontuação e, ocasionalmente, outros indicadores contextuais para determinar onde uma sentença termina e a próxima começa.

8. Tratamento de Palavras Raras ou Desconhecidas.

Modelos de linguagem muitas vezes têm dificuldade com palavras que aparecem raramente nos dados de treinamento. As técnicas para lidar com isso incluem a substituição de palavras raras por um token especial (como "<UNK>" para "desconhecido") ou o uso de técnicas de incorporação de palavras como WordPiece ou BPE (Byte Pair Encoding), que dividem palavras em unidades menores que podem ser compartilhadas por palavras diferentes.

9. Incorporação de Palavras (Word Embeddings).

Embora não seja exatamente um pré-processamento, transformar tokens em embeddings de palavras é uma etapa crucial de muitos pipelines de PLN atuais.

Modelos de word embeddings, como Word2Vec, GloVe ou fastText, convertem palavras em vetores densos com base no contexto em que as palavras aparecem, capturando muitas subtilezas semânticas e relações entre as palavras.

Cada etapa do pré-processamento depende da tarefa específica de PLN e dos dados disponíveis.

Em modelos de linguagem mais avançados e complexos, como redes neurais profundas, algumas destas etapas podem ser ajustadas ou até mesmo omitidas, visto que modelos poderosos têm uma capacidade maior de lidar com a complexidade e a diversidade linguística sem uma pré-limpeza tão intensiva.

De fato, em alguns casos, a remoção de features pode até descartar informações importantes que modelos mais sofisticados seriam capazes de aprender e explorar.

No entanto, é importante destacar que a qualidade do pré-processamento ainda pode ter um grande impacto na eficácia de um modelo de PLN. Por exemplo, a tokenização adequada pode ser crucial para modelos de aprendizado de máquina que não usam subtokenização (como BPE ou WordPiece) em seu mecanismo de entrada.

Além disso, o passo a passo do pré-processamento também depende do idioma que está sendo tratado. Idiomas morfologicamente ricos, como o turco ou o finlandês, ou idiomas que não usam espaços para separar palavras, como o chinês e o japonês, representam desafios adicionais e podem exigir técnicas de pré-processamento especializadas.

Em todos os casos, é uma prática comum realizar uma exploração detalhada dos dados antes de decidir quais passos de pré-processamento aplicar. Isso pode envolver a análise de distribuições de frequência de palavras, examinar exemplos de ruído ou erros nos dados e identificar padrões linguísticos relevantes. Experimentos e iterações são partes fundamentais do processo de preparar os dados para treinamento de modelos de linguagem.

Modelos pré-treinados (como BERT ou GPT), que são adaptados para muitas tarefas de PLN com apenas algumas rodadas de fine-tuning, podem mitigar a necessidade de extensivo pré-processamento.

Isso ocorre porque esses modelos têm uma capacidade de generalização muito alta, o que lhes permite trabalhar eficazmente mesmo quando a limpeza de dados não é tão profunda.

No entanto, mesmo com esses modelos, um nível básico de pré-processamento facilita a introdução de dados no modelo e pode melhorar a eficiência do treinamento e a precisão dos resultados.

Outra prática que tem se mostrado útil é a utilização de pipelines de pré-processamento que podem ser reutilizados e compartilhados. Ferramentas como o spaCy, NLTK e outros frameworks de PLN oferecem uma série de funcionalidades que ajudam a automatizar e padronizar esses processos, tornando o pré-processamento mais sistemático e menos propenso a erros.

Além disso, em algumas tarefas de PLN, pode ser benéfico enriquecer os dados com características linguísticas adicionais, como tags de discurso (Part-of-Speech tagging), análise de dependências gramaticais ou reconhecimento de entidades nomeadas. Essas informações podem ajudar o modelo a entender a estrutura e o significado do texto, e em muitos casos, melhorar o desempenho nas tarefas de PLN.

O pré-processamento também está evoluindo com o avanço das técnicas de PLN. Abordagens mais recentes como o processamento de texto com transformer-based models já incluem mecanismos internos que lidam com muitos dos desafios do pré-processamento de forma mais sofisticada, reduzindo a necessidade de etapas manuais e simplificando o pipeline de dados.

A importância do pré-processamento efetivo não pode ser subestimada, pois é a fundação sobre a qual os modelos de linguagem aprendem e fazem previsões.

Uma preparação cuidadosa dos dados pode significar a diferença entre um modelo que funciona de forma mediana e um que excede todas as expectativas em termos de precisão, robustez e capacidade de generalização.

4 Escalabilidade e gestão de performance.

A escalabilidade e a gestão de performance são preocupações críticas quando se trata da implementação de sistemas de inteligência artificial que utilizam prompts em grande escala.

Quando lidamos com um grande volume de interações e dados, é essencial garantir que o sistema seja capaz de lidar eficientemente com a demanda sem comprometer a qualidade ou a velocidade das respostas fornecidas aos usuários.

Ao utilizar prompts em grande escala, surgem desafios relacionados à eficiência do processamento de dados, à capacidade de armazenamento e à gestão dos recursos computacionais necessários para manter o sistema em funcionamento.

A escalabilidade se torna crucial para garantir que o sistema possa lidar com o aumento da carga de trabalho, sem comprometer a qualidade das interações ou a experiência do usuário.

Para lidar com essas preocupações, é importante adotar práticas e estratégias que promovam a escalabilidade e garantam a gestão eficiente da performance dos sistemas de IA.

Alguns desses métodos incluem:

4.1 Arquitetura escalável.

Implementar uma arquitetura escalável é fundamental para garantir que sistemas de inteligência artificial que utilizam prompts em grande escala sejam capazes de lidar com um aumento significativo na demanda sem comprometer a qualidade ou a eficiência das interações.

Ao se expandir de forma horizontal e vertical, a arquitetura escalável permite que o sistema cresça conforme a demanda aumenta, garantindo um funcionamento eficiente em ambientes de alta carga de trabalho.

Como essa prática pode ser aplicada

1. Expansão horizontal e vertical. A expansão horizontal envolve adicionar mais máquinas ou servidores ao sistema, distribuindo a carga de trabalho entre eles.

   Isso permite que o sistema seja dimensionado de acordo com a demanda, garantindo uma distribuição equilibrada das tarefas e um aumento na capacidade de processamento conforme necessário.

   Já a expansão vertical envolve a adição de recursos (como CPU, memória ou armazenamento) em um único servidor, permitindo aumentar sua capacidade sem a necessidade de adicionar mais máquinas.

2. Tecnologias distribuídas. Utilizar tecnologias distribuídas, como sistemas de mensageria, bancos de dados distribuídos e microsserviços, é essencial para garantir a escalabilidade do sistema.

   Essas tecnologias permitem a comunicação eficiente entre os diferentes componentes do sistema, a compartilhamento de dados de forma escalável e a execução de tarefas em paralelo, melhorando o desempenho e a capacidade de resposta do sistema.

3. Balanceamento de carga. Implementar mecanismos de balanceamento de carga é crucial para distribuir eficientemente as requisições entre os servidores disponíveis,

garantindo que nenhum servidor fique sobrecarregado e que a carga seja distribuída de forma equitativa.

O balanceamento de carga ajuda a otimizar o uso dos recursos disponíveis e a manter a estabilidade e a disponibilidade do sistema, mesmo em momentos de pico de atividade.

4. Escalabilidade automática. Adotar práticas de escalabilidade automática é fundamental para garantir que o sistema possa se ajustar dinamicamente à demanda em tempo real.

Por meio de ferramentas de auto escalabilidade e automação, o sistema pode monitorar continuamente a carga de trabalho e adicionar ou remover recursos automaticamente conforme necessário.

Isso permite uma resposta rápida às variações na demanda, garantindo uma performance consistente e eficiente mesmo em picos de utilização.

5. Monitoramento e otimização. Implementar um sistema de monitoramento contínuo é essencial para acompanhar o desempenho do sistema e identificar possíveis gargalos ou áreas de melhoria.

Com base nas métricas coletadas, é possível otimizar a distribuição de recursos, ajustar a configuração do sistema e realizar melhorias para garantir que a arquitetura escalável esteja operando de forma eficiente e eficaz.

Ao implementar uma arquitetura escalável, com tecnologias distribuídas, balanceamento de carga, escalabilidade automática e monitoramento contínuo, os sistemas de inteligência artificial que utilizam prompts em grande escala podem garantir uma performance consistente, uma capacidade de resposta ágil e uma alta disponibilidade, mesmo diante de demandas intensas.

Dessa forma, as empresas podem assegurar uma experiência de usuário satisfatória e eficiente, proporcionando maior agilidade operacional e suporte às necessidades em constante evolução dos usuários.

4.2   Otimização de algoritmos.

A otimização de algoritmos é um aspecto fundamental para garantir que os sistemas de inteligência artificial que utilizam prompts em grande escala possam fornecer respostas rápidas e precisas aos usuários.

Realizar a otimização contínua dos algoritmos e modelos de IA é essencial para melhorar a eficiência do processamento de dados, a precisão das respostas e a performance geral do sistema. Vejamos como essa prática pode ser implementada:

1. Seleção adequada de algoritmos. É importante escolher os algoritmos de processamento de linguagem natural e técnicas de aprendizado de máquina mais adequados para as necessidades específicas do sistema.

   Cada algoritmo tem suas próprias características e aplicações, e a seleção correta pode fazer a diferença na qualidade das respostas fornecidas.

Por exemplo, algoritmos de processamento de linguagem natural como BERT, GPT, ou LSTM podem ser escolhidos com base no contexto e nos requisitos do sistema.

2. Ajuste e otimização dos algoritmos. Uma vez selecionados, os algoritmos devem ser ajustados e otimizados para melhorar sua performance. Isso envolve a configuração de parâmetros, a otimização de hiperparâmetros e a realização de ajustes finos para garantir que os algoritmos estejam funcionando de maneira eficiente.

A otimização dos algoritmos pode ajudar a melhorar a precisão das respostas, reduzir o tempo de processamento e otimizar a utilização dos recursos computacionais disponíveis.

3. Otimização de consulta. Além disso, é importante otimizar a forma como as consultas são feitas ao sistema, a fim de garantir uma resposta rápida e eficaz.

Isso pode incluir a indexação eficiente de dados, a melhoria dos algoritmos de busca e a otimização da estrutura de dados para acelerar o acesso e a recuperação da informação. A otimização de consulta é essencial para garantir uma experiência de usuário ágil e eficiente.

Ao realizar a otimização contínua dos algoritmos e modelos de IA, as empresas podem garantir que seus sistemas de inteligência artificial que utilizam prompts em grande escala sejam capazes de fornecer respostas rápidas e precisas, mantendo uma experiência de usuário ágil e eficiente.

A melhoria constante dos algoritmos e técnicas de aprendizado de máquina contribui não só para a qualidade das respostas, mas também para a capacidade do sistema de lidar com um volume crescente de interações e dados.

Além disso, a otimização dos algoritmos aumenta a eficiência do sistema, reduzindo o tempo de processamento e melhorando a capacidade de resposta em tempo hábil. Isso é crucial especialmente em cenários onde a velocidade de resposta é essencial, como em sistemas de suporte ao cliente ou em plataformas de assistência virtual.

4.3   Gerenciamento de recursos.

O gerenciamento de recursos é uma prática essencial para garantir que os sistemas de inteligência artificial que utilizam prompts em grande escala sejam capazes de funcionar de maneira eficiente e responsiva, atendendo à demanda dos usuários dentro dos prazos desejados.

Monitorar e gerenciar de perto os recursos computacionais, como capacidade de processamento, armazenamento e largura de banda, é fundamental para garantir o desempenho adequado do sistema.

Algumas estratégias para um gerenciamento eficaz de recursos:

1. Monitoramento constante. É crucial implementar sistemas de monitoramento que acompanhem continuamente a utilização dos recursos computacionais. Isso permite identificar possíveis gargalos, sobrecargas ou subutilização de recursos, possibilitando uma otimização proativa do sistema.

2. Tecnologias de nuvem. Utilizar tecnologias de nuvem pode ser uma abordagem eficaz para gerenciar recursos de forma escalável e flexível. As plataformas de nuvem oferecem capacidade de processamento elástica, permitindo aumentar ou diminuir recursos de acordo com a demanda em tempo real. Isso garante uma utilização eficiente dos recursos, evitando desperdícios.

3. Alocação dinâmica de recursos. Implementar mecanismos de alocação dinâmica de recursos para ajustar automaticamente a capacidade do sistema de acordo com a carga de trabalho. Sistemas inteligentes de gerenciamento de recursos podem monitorar padrões de uso, prever picos de demanda e provisionar recursos adicionais conforme necessário, garantindo um desempenho consistente e sem interrupções.

4. Otimização do uso de memória. A otimização do uso de memória é essencial para garantir a eficiência do sistema e evitar o consumo excessivo de recursos. Isso envolve a alocação cuidadosa de memória, o gerenciamento de caches de dados e a eliminação de vazamentos de memória para garantir um uso eficiente e adequado dos recursos disponíveis.

Ao adotar uma abordagem estratégica para o gerenciamento de recursos, as empresas podem garantir que seus sistemas de inteligência artificial sejam capazes de atender à demanda crescente de forma eficaz, mantendo a performance e a eficiência operacional.

O gerenciamento eficaz de recursos não só ajuda a garantir a disponibilidade do sistema e a otimização do desempenho, mas também contribui para a economia de custos, uma vez que evita o desperdício de recursos desnecessários.

Ao implementar estratégias como monitoramento constante, utilização de tecnologias de nuvem, alocação dinâmica de recursos e otimização do uso de memória, as empresas podem maximizar a eficiência do sistema de IA permitindo que ele atenda às demandas em tempo hábil e de forma escalável.

Dessa forma, é possível garantir uma experiência de usuário consistente e satisfatória, mesmo em ambientes de alto volume de interações e dados. Essas práticas são essenciais para garantir a operação confiável e eficaz de sistemas de inteligência artificial em larga escala.

4.4   Cache e pré-processamento de dados.

O uso de técnicas de caching e pré-processamento de dados é uma estratégia eficaz para reduzir a carga nos servidores e melhorar a eficiência dos sistemas de inteligência artificial que utilizam prompts em grande escala.

Esta prática envolve armazenar em cache respostas pré-processadas para perguntas comuns ou consultas frequentes, o que ajuda a acelerar o tempo de resposta do sistema e a otimizar a utilização dos recursos disponíveis.

Essa abordagem pode ser implementada de forma eficaz:

1. Cache de dados Uma estratégia comum é armazenar em cache resultados de consultas ou processamento de dados previamente

feitos. Quando uma nova solicitação é feita, o sistema verifica primeiro se a resposta está disponível no cache.

Se sim, a resposta é recuperada diretamente do cache, evitando a necessidade de recalcular a resposta. Isso reduz significativamente o tempo de processamento e melhora a eficiência do sistema.

2. Pré-processamento de dados O pré-processamento de dados envolve realizar operações de limpeza, transformação e agregação nos dados antes que sejam processados pelo sistema de IA.

Isso pode incluir a normalização de dados, a redução de dimensionalidade, a remoção de outliers, entre outros. Ao pré-processar os dados de antemão, é possível otimizar o tempo de processamento e garantir que os dados estejam prontos para serem utilizados de forma eficiente.

3. Cache de modelos Além de cache de dados, é possível também armazenar em cache modelos de IA pré-treinados. Isso é especialmente útil em casos em que o mesmo modelo é usado repetidamente para processar diferentes solicitações.

Ao armazenar o modelo em cache, o sistema pode acessá-lo rapidamente e realizar inferências em tempo real, sem a necessidade de reprocessar o modelo a cada solicitação.

4. Atualização e invalidação do cache É importante implementar mecanismos para atualizar e invalidar o cache de forma inteligente. Por exemplo, os dados ou respostas no cache podem ser atualizados periodicamente ou quando novas informações estão disponíveis.

Além disso, é necessário definir políticas para invalidar os dados em cache que já não são mais relevantes ou estão desatualizados, para garantir que o sistema esteja sempre fornecendo informações precisas e atualizadas aos usuários.

5. Gerenciamento eficaz do cache Implementar um sistema de gerenciamento eficaz do cache é essencial para garantir a sua eficácia. Isso inclui definir estratégias de cache, como políticas de expiração, tamanho máximo do cache, estratégias de evicção (remoção de itens do cache quando necessário), entre outros.

Um bom gerenciamento do cache ajuda a maximizar o uso dos recursos de armazenamento e garantir um desempenho consistente do sistema.

Ao adotar técnicas de caching e pré-processamento de dados, as empresas podem reduzir a carga nos servidores, acelerar o tempo de resposta do sistema e melhorar a eficiência na manipulação de solicitações repetitivas.

Essas práticas contribuem para uma melhor experiência do usuário, maior escalabilidade do sistema e uma utilização mais eficiente dos recursos computacionais disponíveis.

A combinação de caching e pré-processamento de dados pode ser uma estratégia poderosa para otimizar o desempenho de sistemas de inteligência artificial em larga escala.

4.5   Monitoramento e otimização contínuos.

Implementar monitoramento e otimização contínuos é fundamental para garantir o desempenho eficaz e a escalabilidade dos sistemas de inteligência artificial que utilizam prompts em grande escala.

Ao acompanhar de perto o desempenho do sistema, identificar possíveis gargalos e tomar medidas proativas para otimizar a performance, as empresas podem garantir que o sistema esteja operando de maneira eficiente e responsiva.

Algumas práticas essenciais para o monitoramento e otimização contínuos:

1. Monitoramento em tempo real. Implementar sistemas de monitoramento em tempo real permite acompanhar a saúde do sistema e identificar problemas de desempenho imediatamente.

   Ferramentas de monitoramento da infraestrutura, como monitoramento de CPU, memória, tráfego de rede e outros recursos podem ser utilizadas para detectar possíveis gargalos ou pontos de estrangulamento.

2. Análise de logs e métricas de desempenho. Monitorar e analisar logs e métricas de desempenho é essencial para identificar padrões, tendências e possíveis problemas no sistema.

   Registros detalhados de eventos, métricas de desempenho e dados de uso do sistema podem fornecer insights valiosos sobre o funcionamento do sistema e ajudar a identificar áreas de melhoria.

3. Identificação de gargalos de desempenho. Utilizar ferramentas de monitoramento para identificar possíveis gargalos de desempenho, como latência excessiva, tempo de resposta lento ou uso elevado de recursos. Ao identificar os gargalos, é possível tomar medidas corretivas para otimizar o desempenho e garantir uma operação eficiente do sistema.

4. Otimização proativa. Realizar ajustes e otimizações proativamente com base nos dados de monitoramento e análise de desempenho.

Isso pode incluir ajustes de configuração, otimização de algoritmos, realocação de recursos, entre outras ações para melhorar a eficiência do sistema e garantir uma resposta rápida e confiável.

5. Iteração e melhoria contínua. Além de monitorar e otimizar o desempenho do sistema, é importante também continuar iterando e melhorando a arquitetura, os algoritmos e os processos ao longo do tempo.

A análise dos dados de monitoramento e feedback dos usuários pode fornecer insights valiosos para identificar oportunidades de melhoria e implementar mudanças que levem a um desempenho ainda melhor do sistema.

6. Automatização de tarefas. A automação de tarefas de monitoramento, análise e otimização pode ajudar a reduzir a carga de trabalho manual e garantir uma resposta mais rápida a possíveis problemas de desempenho.

A implementação de ferramentas de automação pode agilizar o processo de identificação e resolução de problemas, garantindo uma operação mais eficiente e confiável do sistema.

Ao implementar sistemas de monitoramento em tempo real, análise de logs e métricas de desempenho, identificação de gargalos, otimização proativa e melhoria contínua, as empresas podem garantir que seus sistemas de inteligência artificial em larga escala estejam sempre operando de forma eficiente, responsiva e com desempenho otimizado.

Essas práticas são essenciais para manter a competitividade, a escalabilidade e a qualidade dos sistemas de IA em um cenário em constante evolução.

5 Conclusão.

Ao longo deste volume, "Engenharia de Prompt - Volume 4: Como Fazer Perguntas Corretas", mergulhamos profundamente em uma das habilidades mais críticas para o sucesso no uso de sistemas de inteligência artificial: a formulação precisa de "prompts".

Iniciamos com os fundamentos dessa prática, explorando a importância da clareza e da intenção por trás de cada solicitação. Discutimos como a correta formulação de perguntas pode guiar modelos de linguagem para fornecer respostas mais eficazes e úteis, construindo um ciclo contínuo de aprendizado e aprimoramento.

Compreendemos que o dado é a matéria-prima essencial da informação, e esta, por sua vez, é o alicerce do conhecimento — elemento que a inteligência artificial processa e manipula em escala.

Exploramos o papel central do feedback, a iteração constante e a melhoria contínua como pilares para a eficácia no uso de IA, e fomos além ao discutir as implicações éticas que permeiam cada decisão tomada ao desenvolver "prompts" e treinar modelos.

Neste livro, oferecemos orientações práticas para enfrentar os desafios do desenvolvimento e da implantação de modelos de linguagem, desde a preparação e a gestão de grandes volumes de dados até a otimização de algoritmos e a manutenção de sistemas escaláveis.

Também discutimos estratégias para lidar com questões complexas como viés nos dados, garantindo que os sistemas de IA sejam não apenas eficientes, mas também éticos e responsáveis.

À medida que encerramos esta jornada, é essencial que consideremos o papel da humanidade no desenvolvimento e na direção futura da inteligência artificial.

A IA, por mais sofisticada que seja, é uma ferramenta criada e moldada por nossas decisões. Como tal, as trajetórias que essa tecnologia seguirá dependem dos valores e das prioridades que escolhermos adotar.

Será que caminhamos em direção a uma IA que amplia o potencial humano, colaborando para resolver os problemas mais profundos da sociedade, ou corremos o risco de criar sistemas que ampliem desigualdades, suprimam vozes e centralizem poder?

A escolha é nossa, e as perguntas que fazemos hoje moldarão o mundo de amanhã. É por isso que dominar a arte de fazer perguntas corretas é uma habilidade tão vital — tanto no desenvolvimento de IA quanto na reflexão sobre o seu impacto.

A coleção "Inteligência Artificial: O Poder dos Dados", disponível na Amazon, da qual este volume faz parte, é um convite para que você, leitor, aprofunde sua compreensão sobre o papel transformador da IA e como os dados podem ser utilizados para criar um futuro mais inteligente, ético e inclusivo.

Os próximos volumes desta série abordarão temas igualmente cruciais, ampliando ainda mais sua visão sobre as tecnologias que estão redesenhando o mundo em que vivemos.

Se este livro despertou em você o desejo de entender mais, recomendo que explore os outros títulos da coleção. Cada volume oferece uma nova perspectiva, novas ferramentas e, acima de tudo, um novo conjunto de perguntas que o ajudarão a navegar pelo vasto e complexo universo da inteligência artificial.

O futuro da IA está sendo escrito, e nós somos os autores desse novo capítulo da história. Que perguntas você fará?

6   Referências bibliográficas.

BISHOP, C. (2006). Pattern Recognition and Machine Learning. Springer.

CHOLLET, F. (2021). Deep Learning with Python. Manning Publications.

DOMINGOS, P. (2015). The Master Algorithm: How the Quest for the Ultimate Learning Machine Will Remake Our World. Basic Books.

DUDA, R.; HART, P.; STORK, D. (2006). Pattern Classification. Wiley.

GERON, A. (2022). Hands-On Machine Learning with Scikit-Learn, Keras, and TensorFlow: Concepts, Tools, and Techniques to Build Intelligent Systems. O'Reilly Media.

GOLDBERG, Y. (2017). Neural Network Methods in Natural Language Processing. Morgan & Claypool Publishers.

KELLEHER, John D. (2019). Deep Learning. MIT Press.

JAMES, G.; WITTEN, D.; HASTIE, T.; TIBSHIRANI, R. (2021). An Introduction to Statistical Learning: With Applications in R. Springer.

JURAFSKY, D.; MARTIN, J. (2020). Speech and Language Processing: An Introduction to Natural Language Processing, Computational Linguistics, and Speech Recognition. Pearson.

KAPOOR, R.; MAHONEY, M. (2021). AI-Powered: How Prompt Engineering Transforms Data Into Knowledge. CRC Press.

LANGE, K. (2010). Optimization. Springer.

LECUN, Y.; BENGIO, Y. (2020). Advances in Neural Information Processing Systems. MIT Press.

MARR, B. (2018). Artificial Intelligence in Practice: How 50 Successful Companies Used AI and Prompt Engineering to Solve Problems. Wiley.

MITCHELL, T. (1997). Machine Learning. McGraw-Hill.

MOHAN, V. (2021). Mastering Prompt Engineering for AI Applications. Packt Publishing.

MULLER, A. C.; GUIDO, S. (2016). Introduction to Machine Learning with Python: A Guide for Data Scientists. O'Reilly Media.

MURPHY, K. (2012). Machine Learning: A Probabilistic Perspective. MIT Press.

PATTERSON, D.; HENNESSY, J. (2021). Computer Organization and Design: The Hardware/Software Interface. Morgan Kaufmann.

PINTO, M.V (2024 -1). Artificial Intelligence – Essential Guide. ISBN. 979-8322751175. Independently published. ASIN. B0D1N7TJL8.

RAGHU, M.; SCHMIDHUBER, J. (2020). AI Thinking: How Prompt Engineering Enhances Human-Computer Interaction. MIT Press.

RAJPUT, D. (2020). Artificial Intelligence and Machine Learning: Developing AI Solutions Using Prompt Engineering. BPB Publications.

RUSSELL, S.; NORVIG, P. (2020). Artificial Intelligence: A Modern Approach. Pearson.

SEN, S.; KAMEL, M. (2021). AI Design Patterns: Leveraging Prompt Engineering to Build Better AI Systems. Springer.

SMITH, B.; ERNST, A. (2021). Artificial Intelligence and the Future of Work: How Prompt Engineering Shapes Tomorrow's Jobs. Oxford University Press.

SUTTON, R.; BARTO, A. (2018). Reinforcement Learning: An Introduction. MIT Press.

TAO, Q. (2022). Artificial Intelligence Ethics and Prompt Engineering: Balancing Innovation with Responsibility. Routledge.

VANDERPLAS, J. (2016). Python Data Science Handbook: Essential Tools for Working with Data. O'Reilly Media.

ZHANG, Z.; DONG, Y. (2021). AI Systems: Foundations, Prompt Engineering, and Advanced Techniques. CRC Press.

7 Descubra a Coleção Completa "Inteligência Artificial e o Poder dos Dados" – Um Convite para Transformar sua Carreira e Conhecimento.

A Coleção "Inteligência Artificial e o Poder dos Dados" foi criada para quem deseja não apenas entender a Inteligência Artificial (IA), mas também aplicá-la de forma estratégica e prática.

Em uma série de volumes cuidadosamente elaborados, desvendo conceitos complexos de maneira clara e acessível, garantindo ao leitor uma compreensão completa da IA e de seu impacto nas sociedades modernas.

Não importa seu nível de familiaridade com o tema: esta coleção transforma o difícil em didático, o teórico em aplicável e o técnico em algo poderoso para sua carreira.

7.1   Por Que Comprar Esta Coleção?

Estamos vivendo uma revolução tecnológica sem precedentes, onde a IA é a força motriz em áreas como medicina, finanças, educação, governo e entretenimento.

A coleção "Inteligência Artificial e o Poder dos Dados" mergulha profundamente em todos esses setores, com exemplos práticos e reflexões que vão muito além dos conceitos tradicionais.

Você encontrará tanto o conhecimento técnico quanto as implicações éticas e sociais da IA incentivando você a ver essa tecnologia não apenas como uma ferramenta, mas como um verdadeiro agente de transformação.

Cada volume é uma peça fundamental deste quebra-cabeça inovador: do aprendizado de máquina à governança de dados e da ética à aplicação prática.

Com a orientação de um autor experiente, que combina pesquisa acadêmica com anos de atuação prática, esta coleção é mais do que um conjunto de livros – é um guia indispensável para quem quer navegar e se destacar nesse campo em expansão.

7.2   Público-Alvo desta Coleção?

Esta coleção é para todos que desejam ter um papel de destaque na era da IA:
- ✓ Profissionais da Tecnologia: recebem insights técnicos profundos para expandir suas habilidades.

- ✓ Estudantes e Curiosos: têm acesso a explicações claras que facilitam o entendimento do complexo universo da IA.

- ✓ Gestores, líderes empresariais e formuladores de políticas também se beneficiarão da visão estratégica sobre a IA, essencial para a tomada de decisões bem-informadas.

- ✓ Profissionais em Transição de Carreira: Profissionais em transição de carreira ou interessados em se especializar em IA encontram aqui um material completo para construir sua trajetória de aprendizado.

7.3   Muito Mais do Que Técnica – Uma Transformação Completa.

Esta coleção não é apenas uma série de livros técnicos; é uma ferramenta de crescimento intelectual e profissional.

Com ela, você vai muito além da teoria: cada volume convida a uma reflexão profunda sobre o futuro da humanidade em um mundo onde máquinas e algoritmos estão cada vez mais presentes.

Este é o seu convite para dominar o conhecimento que vai definir o futuro e se tornar parte da transformação que a Inteligência Artificial traz ao mundo.

Seja um líder em seu setor, domine as habilidades que o mercado exige e prepare-se para o futuro com a coleção "Inteligência Artificial e o Poder dos Dados".

Esta não é apenas uma compra; é um investimento decisivo na sua jornada de aprendizado e desenvolvimento profissional.

Prof. Marcão - Marcus Vinícius Pinto

Mestre em Tecnologia da Informação.
Especialista em Inteligência Artificial, Governança de Dados e Arquitetura de Informação.

8   Os Livros da Coleção.

8.1   Dados, Informação e Conhecimento na era da Inteligência Artificial.

Este livro explora de forma essencial as bases teóricas e práticas da Inteligência Artificial, desde a coleta de dados até sua transformação em inteligência. Ele foca, principalmente, no aprendizado de máquina, no treinamento de IA e nas redes neurais.

8.2   Dos Dados em Ouro: Como Transformar Informação em Sabedoria na Era da IA.

Este livro oferece uma análise crítica sobre a evolução da Inteligência Artificial, desde os dados brutos até a criação de sabedoria artificial, integrando redes neurais, aprendizado profundo e modelagem de conhecimento.

Apresenta exemplos práticos em saúde, finanças e educação, e aborda desafios éticos e técnicos.

8.3   Desafios e Limitações dos Dados na IA.

O livro oferece uma análise profunda sobre o papel dos dados no desenvolvimento da IA explorando temas como qualidade, viés, privacidade, segurança e escalabilidade com estudos de caso práticos em saúde, finanças e segurança pública.

8.4 Dados Históricos em Bases de Dados para IA: Estruturas, Preservação e Expurgo.

Este livro investiga como a gestão de dados históricos é essencial para o sucesso de projetos de IA. Aborda a relevância das normas ISO para garantir qualidade e segurança, além de analisar tendências e inovações no tratamento de dados.

8.5 Vocabulário Controlado para Dicionário de Dados: Um Guia Completo.

Este guia completo explora as vantagens e desafios da implementação de vocabulários controlados no contexto da IA e da ciência da informação. Com uma abordagem detalhada, aborda desde a nomeação de elementos de dados até as interações entre semântica e cognição.

8.6 Curadoria e Administração de Dados para a Era da IA.

Esta obra apresenta estratégias avançadas para transformar dados brutos em insights valiosos, com foco na curadoria meticulosa e administração eficiente dos dados. Além de soluções técnicas, aborda questões éticas e legais, capacitando o leitor a enfrentar os desafios complexos da informação.

8.7 Arquitetura de Informação.

A obra aborda a gestão de dados na era digital, combinando teoria e prática para criar sistemas de IA eficientes e escaláveis, com insights sobre modelagem e desafios éticos e legais.

8.8   Fundamentos: O Essencial para Dominar a Inteligência Artificial.

Uma obra essencial para quem deseja dominar os conceitos-chave da IA, com uma abordagem acessível e exemplos práticos. O livro explora inovações como Machine Learning e Processamento de Linguagem Natural, além dos desafios éticos e legais e oferece uma visão clara do impacto da IA em diversos setores.

8.9   LLMS - Modelos de Linguagem de Grande Escala.

Este guia essencial ajuda a compreender a revolução dos Modelos de Linguagem de Grande Escala (LLMs) na IA.

O livro explora a evolução dos GPTs e as últimas inovações em interação humano-computador, oferecendo insights práticos sobre seu impacto em setores como saúde, educação e finanças.

8.10   Machine Learning: Fundamentos e Avanços.

Este livro oferece uma visão abrangente sobre algoritmos supervisionados e não supervisionados, redes neurais profundas e aprendizado federado. Além de abordar questões de ética e explicabilidade dos modelos.

8.11   Por Dentro das Mentes Sintéticas.

Este livro revela como essas 'mentes sintéticas' estão redefinindo a criatividade, o trabalho e as interações humanas. Esta obra apresenta uma análise detalhada dos desafios e oportunidades proporcionados por essas tecnologias, explorando seu impacto profundo na sociedade.

8.12   A Questão dos Direitos Autorais.

Este livro convida o leitor a explorar o futuro da criatividade em um mundo onde a colaboração entre humanos e máquinas é uma realidade, abordando questões sobre autoria, originalidade e propriedade intelectual na era das IAs generativas.

8.13   1121 Perguntas e Respostas: Do Básico ao Complexo– Parte 1 A 4.

Organizadas em quatro volumes, estas perguntas servem como guias práticos essenciais para dominar os principais conceitos da IA.

A Parte 1 aborda informação, dados, geoprocessamento, a evolução da inteligência artificial, seus marcos históricos e conceitos básicos.

A Parte 2 aprofunda-se em conceitos complexos como aprendizado de máquina, processamento de linguagem natural, visão computacional, robótica e algoritmos de decisão.

A Parte 3 aborda questões como privacidade de dados, automação do trabalho e o impacto de modelos de linguagem de grande escala (LLMs).

Parte 4 explora o papel central dos dados na era da inteligência artificial, aprofundando os fundamentos da IA e suas aplicações em áreas como saúde mental, governo e combate à corrupção.

8.14   O Glossário Definitivo da Inteligência Artificial.

Este glossário apresenta mais de mil conceitos de inteligência artificial explicados de forma clara, abordando temas como Machine Learning, Processamento de Linguagem Natural, Visão Computacional e Ética em IA.

- A parte 1 contempla conceitos iniciados pelas letras de A a D.
- A parte 2 contempla conceitos iniciados pelas letras de E a M.
- A parte 3 contempla conceitos iniciados pelas letras de N a Z.

8.15   Engenharia de Prompt - Volumes 1 a 6.

Esta coleção abrange todos os fundamentos da engenharia de prompt, proporcionando uma base completa para o desenvolvimento profissional.

Com uma rica variedade de prompts para áreas como liderança, marketing digital e tecnologia da informação, oferece exemplos práticos para melhorar a clareza, a tomada de decisões e obter insights valiosos.

Os volumes abordam os seguintes assuntos:

- Volume 1: Fundamentos. Conceitos Estruturadores e História da Engenharia de Prompt.
- Volume 2: Segurança e Privacidade em IA.
- Volume 3: Modelos de Linguagem, Tokenização e Métodos de Treinamento.
- Volume 4: Como Fazer Perguntas Corretas.
- Volume 5: Estudos de Casos e Erros.
- Volume 6: Os Melhores Prompts.

8.16 Guia para ser um Engenheiro De Prompt – Volumes 1 e 2.

A coleção explora os fundamentos avançados e as habilidades necessárias para ser um engenheiro de prompt bem-sucedido, destacando os benefícios, riscos e o papel crítico que essa função desempenha no desenvolvimento da inteligência artificial.

O Volume 1 aborda a elaboração de prompts eficazes, enquanto o Volume 2 é um guia para compreender e aplicar os fundamentos da Engenharia de Prompt.

8.17 Governança de Dados com IA – Volumes 1 a 3.

Descubra como implementar uma governança de dados eficaz com esta coleção abrangente. Oferecendo orientações práticas, esta coleção abrange desde a arquitetura e organização de dados até a proteção e garantia de qualidade, proporcionando uma visão completa para transformar dados em ativos estratégicos.

O volume 1 aborda as práticas e regulações. O volume 2 explora em profundidade os processos, técnicas e melhores práticas para realizar auditorias eficazes em modelos de dados. O volume 3 é seu guia definitivo para implantação da governança de dados com IA.

8.18 Governança de Algoritmos.

Este livro analisa o impacto dos algoritmos na sociedade, explorando seus fundamentos e abordando questões éticas e regulatórias. Aborda transparência, accountability e vieses, com soluções práticas para auditar e monitorar algoritmos em setores como finanças, saúde e educação.

8.19   De Profissional de Ti para Expert em IA: O Guia Definitivo para uma Transição de Carreira Bem-Sucedida.

Para profissionais de Tecnologia da Informação, a transição para a IA representa uma oportunidade única de aprimorar habilidades e contribuir para o desenvolvimento de soluções inovadoras que moldam o futuro.

Neste livro, investigamos os motivos para fazer essa transição, as habilidades essenciais, a melhor trilha de aprendizado e as perspectivas para o futuro do mercado de trabalho em TI.

8.20   Liderança Inteligente com IA: Transforme sua Equipe e Impulsione Resultados.

Este livro revela como a inteligência artificial pode revolucionar a gestão de equipes e maximizar o desempenho organizacional.

Combinando técnicas de liderança tradicionais com insights proporcionados pela IA, como a liderança baseada em análise preditiva, você aprenderá a otimizar processos, tomar decisões mais estratégicas e criar equipes mais eficientes e engajadas.

8.21   Impactos e Transformações: Coleção Completa.

Esta coleção oferece uma análise abrangente e multifacetada das transformações provocadas pela Inteligência Artificial na sociedade contemporânea.

- Volume 1: Desafios e Soluções na Detecção de Textos Gerados por Inteligência Artificial.
- Volume 2: A Era das Bolhas de Filtro. Inteligência Artificial e a Ilusão de Liberdade.

- Volume 3: Criação de Conteúdo com IA - Como Fazer?
- Volume 4: A Singularidade Está Mais Próxima do que Você Imagina.
- Volume 5: Burrice Humana versus Inteligência Artificial.
- Volume 6: A Era da Burrice! Um Culto à Estupidez?
- Volume 7: Autonomia em Movimento: A Revolução dos Veículos Inteligentes.
- Volume 8: Poiesis e Criatividade com IA.
- Volume 9: Dupla perfeita: IA + automação.
- Volume 10: Quem detém o poder dos dados?

8.22   Big Data com IA: Coleção Completa.

A coleção aborda desde os fundamentos tecnológicos e a arquitetura de Big Data até a administração e o glossário de termos técnicos essenciais.

A coleção também discute o futuro da relação da humanidade com o enorme volume de dados gerados nas bases de dados de treinamento em estruturação de Big Data.

- Volume 1: Fundamentos.
- Volume 2: Arquitetura.
- Volume 3: Implementação.
- Volume 4: Administração.
- Volume 5: Temas Essenciais e Definições.
- Volume 6: Data Warehouse, Big Data e IA.

9 Sobre o Autor.

Sou Marcus Pinto, mais conhecido como Prof. Marcão, especialista em tecnologia da informação, arquitetura da informação e inteligência artificial.

Com mais de quatro décadas de atuação e pesquisa dedicadas, construí uma trajetória sólida e reconhecida, sempre focada em tornar o conhecimento técnico acessível e aplicável a todos os que buscam entender e se destacar nesse campo transformador.

Minha experiência abrange consultoria estratégica, educação e autoria, além de uma atuação extensa como analista de arquitetura de informação.

Essa vivência me capacita a oferecer soluções inovadoras e adaptadas às necessidades em constante evolução do mercado tecnológico, antecipando tendências e criando pontes entre o saber técnico e o impacto prático.

Ao longo dos anos, desenvolvi uma expertise abrangente e aprofundada em dados, inteligência artificial e governança da informação – áreas que se tornaram essenciais para a construção de sistemas robustos e seguros, capazes de lidar com o vasto volume de dados que molda o mundo atual.

Minha coleção de livros, disponível na Amazon, reflete essa expertise, abordando temas como Governança de Dados, Big Data e Inteligência Artificial com um enfoque claro em aplicações práticas e visão estratégica.

Autor de mais de 150 livros, investigo o impacto da inteligência artificial em múltiplas esferas, explorando desde suas bases técnicas até as questões éticas que se tornam cada vez mais urgentes com a adoção dessa tecnologia em larga escala.

Em minhas palestras e mentorias, compartilho não apenas o valor da IA, mas também os desafios e responsabilidades que acompanham sua implementação – elementos que considero essenciais para uma adoção ética e consciente.

Acredito que a evolução tecnológica é um caminho inevitável. Meus livros são uma proposta de guia nesse trajeto, oferecendo insights profundos e acessíveis para quem deseja não apenas entender, mas dominar as tecnologias do futuro.

Com um olhar focado na educação e no desenvolvimento humano, convido você a se unir a mim nessa jornada transformadora, explorando as possibilidades e desafios que essa era digital nos reserva.

10 Como Contatar o Prof. Marcão.

10.1 Para palestras, treinamento e mentoria empresarial.

marcao.tecno@gmail.com

10.2 Prof. Marcão, no Linkedin.

https://bit.ly/linkedin_profmarcao

www.ingramcontent.com/pod-product-compliance
Lightning Source LLC
LaVergne TN
LVHW051536050326
832903LV00033B/4275